INGE KRENN

TRADITIONELLE KÜCHE

WALDVIERTEL

Erpfiknödel – Saumaisen – Mohnzelten

KRENN

DANKSAGUNG

Ich danke meiner Mutter Emma Röhrbacher, die nicht nur zahlreiche Rezepte an mich weitergegeben hat, sondern auch viele der traditionellen Gerichte nachkochte – eine Gaumenfreude!

Vielen Dank auch folgenden Frauen, die mir neben Zeit für Gespräche auch eine Vielzahl von Rezepten zur Verfügung stellten: Hermine Röhrbacher aus Unterlembach, Hilda Binder aus Hörmanns, Margareta Kolm, Hedwig und Leopoldine Winter sowie Elisabeth Binder aus Spital.

Folgenden Personen danke ich herzlichst für das zur Verfügung gestellte Bildmaterial: Margareta Kolm und Aloisia Haubner aus Spital, weiters Ernest Zederbauer aus Weitra.

LITERATUR

Hubert Bruckner: Waldviertlerisch von Aschlings bis Zweringst. Dialektsammlung aus dem nordwestlichen Niederösterreich. – Oberndorf / Melk: Eigenverlag Hubert Bruckner 2002

Franz Drach: Armes Waldviertel. Sechs Versuche zur Zeitgeschichte der Provinz. – Weitra: Bibliothek der Provinz 2000

Alois Enigl: Das alte Leben und Arbeiten im Waldviertel. 1. Auflage 1987. – Pöggstall: J. H. Sandler 1987

Inge Krenn: Die österreichische Mohnküche. Traditionelle und neue Köstlichkeiten. – Wien: Hubert Krenn VerlagsgesmbH 2004

Den Litschauer Hausfrauen ins Häferl g'schaut! Original Waldviertler und andere erprobte Rezepte. – Litschau: Frauengruppe der Pfarre Litschau 1998

Franz Maier-Bruck: Vom Essen auf dem Lande. Das große Buch der österreichischen Bauernküche und Hausmannskost. – Wien: Verlag Kremayr & Scheriau 1999

Frieda Mauritz: Der Waldviertler und seine Mundart. 2. Auflage. – Schönau i. M.: Haider o.J.

Karoline Meindl-Dietrich/Erna Lechner: Kochbuch für ländliche Haushalte. 56. Auflage. – Klosterneuburg: Österreichischer Agrarverlag 1998

Ditta Rudle: Waldviertler Graumohn. Fotografiert von Reinhard Mandl. – Wien: Pichler Verlag GmbH 1998

Waldviertler Hausbuch. Ein heimatkundliches Lese- und Arbeitsbuch präsentiert von einem Arbeitskreis. 3. Auflage. – Wien: NÖ Heimatwerk 1992

COVER, GRAFISCHE GESTALTUNG: *Marianne Prutsch*
FOTOGRAFIE: *Reinhard Mandl, Andrea Knura, Fotostudio Riedmann, Archive Mostviertel Tourismus GmbH, Tourismusverband Moststraße, www.weinfranz.at, fotolia.com (Quanthem, unpict, vanfan, Barbara Pheby, monropic, atoss, Ludwig Berchtold, studiophotopro, gradt, Andrea Wilhelm, volff, victoria p., Stefan, Ekler, Rob Stark, womue, volkerr, Digitalpress, Natika, Elena Schweitzer, Nordreisender, Africa Studio, Ewa Brozek, Daniel Mock, photocrew, Yasonya, UMA, mates, Es75, Luis Santos, Subbotina Anna, Simone Andress, mihi, Yantra, Josef Müllek, eyewave, Monika Wisniewska, Corinna Gissemann, Jag_cz, Marius Graf, Carmen Steiner, carina-ott), MEV-Verlag, Rob Stark/Shotshop.com, photodisc*
DRUCK UND BINDUNG: *Gorenjski Tisk, Kranj - Slowenien*

ISBN 978-3-99005-174-0

Inhaltsverzeichnis

ABKÜRZUNGEN:

g	Gramm
kg	Kilogramm
EL	Esslöffel
l	Liter
TL	Teelöffel
ml	Milliliter
cl	Zentiliter
Pkg.	Packung
Msp.	Messerspitze
Stk.	Stück

Burg Krumau

Vor dem Vergessen bewahren

Aufgrund seiner geografischen Lage nimmt das Waldviertel eine Abseitsstellung innerhalb Niederösterreichs ein – es liegt etwas entlegen, ist aber von einer spröden, rauen und unverfälschten Schönheit. Mit der Landschaft des Waldviertels ist seine Küche untrennbar verbunden. Seit jeher ernährten sich die Menschen von dem, was ihre kargen Äcker hervorbrachten und was im Hausgarten heranwuchs. Für die Hausfrauen war es eine wahre Herausforderung, aus diesen einfachen Zutaten einen abwechslungsreichen Speiseplan zusammenzustellen.

Die Alltagskost der Menschen dieses Lebensraumes mutete von jeher recht einfach und deftig an – und sie war es auch, schließlich musste sie den Ansprüchen der hart und schwer körperlich arbeitenden Menschen gerecht werden, nämlich sättigen und kräftigen. Vor allem Erdäpfel prägten immer schon die Speisekarte des Waldviertels und wurden in zahlreichen Varianten aufgetischt. Spezialitäten wie Mohn sorgten für den unverwechselbaren Geschmack mancher Gerichte und waren eine festliche Zutat für die karge Kost.

Auch die Erinnerungen an meine Kindheit sind untrennbar mit den von der Großmutter zubereiteten Köstlichkeiten, wie etwa Mohnnudeln, Zwetschkensuppe, Kasnudeln und Einbrennkoch, verbunden: heiß, süß und herrlich duftend! Wie gut erinnere ich mich an das Schmalzbrot mit einem Apfel, das wir zur Jause auf dem Feld aßen. Nie wieder hat mir ein Schmalzbrot so gut geschmeckt wie damals!

Die Zeiten haben sich geändert, Fortschritt und Technik haben auch vor dem Waldviertel nicht Halt gemacht und erleichterten einiges, verdrängten aber auch viel altes Wissen. Auch die Essgewohnheiten sind anders geworden, man kocht zeitgemäßer, und damit ist auch das Wissen um die alten Rezepte gefährdet. Schriftliche Aufzeichnungen gibt es wenige, da die Rezepte meist mündlich von Generation zu Generation weitergegeben wurden. Die Menschen sind nicht mehr so stark an den Rhythmus der Jahreszeiten gebunden. Brauchtumsgebundene Gerichte sowie typische Sommer- und Winterspeisen gerieten in Vergessenheit und der einst durch die Jahreszeiten bestimmte bäuerliche Verbraucherrhythmus hat sich grundlegend geändert. Zwar liegt es mir fern, die alte Zeit nur als „gut“ zu preisen, viel zu eindringlich und lebendig sind die Schilderungen der Alten, wenn sie von ihrem harten und entbehrungsreichen Leben erzählen.

Doch es ist mir ein großes Anliegen, ihre Erzählungen weiterzugeben und besonders auch ihr Wissen um die alten Gerichte und deren Zubereitung vor dem Vergessen zu bewahren. Es ist wertvoll und ein Stück unserer Identität!

Wenn es mir gelingt, Ihre Neugier zu wecken, und diese Rezeptsammlung ein bisschen dazu beiträgt, die einfache Alltagskost des Waldviertels nicht ganz verschwinden zu lassen, so ist der Zweck dieses Buches mehr als erfüllt.

Ich wünsche Ihnen viel Freude mit diesem Buch!

Inge Krenn

Bäuerliches Leben – einfach und hart

Wir neigen oft dazu, die alten Zeiten zu verklären, und besonders hervorzuheben. Tatsächlich aber war das Leben im Waldviertel alles andere als romantisch. Aufgrund von Lage und Klima war der Alltag hier sehr hart, karg und entbehrungsreich. Die Bauern, die zu Beginn dieses Jahrhunderts im Waldviertel 80 Prozent der Bevölkerung ausmachten, waren bis weit in unsere Zeit Selbstversorger. Sie fertigten ihre Geräte aus Holz fast alle selbst an, gegessen wurde das, was Äcker und Garten hervorbrachten.

Auch die Früchte des Waldes wurden eifrig gesammelt, zum einen, um etwas Abwechslung in den Speiseplan zu bringen, zum anderen, und das war weitaus häufiger der Fall, um ein wenig Kleingeld für nötige Anschaffungen zu erhalten. Schwammerlsuchen war besonders bei den Kindern beliebt. Gesammelt wurden Eierschwammerln, Herrenpilze, eventuell Milchbrätlinge, gegen Ende des Sommers auch der Parasol. Die Pilze wurden entweder verkauft oder aufgeschnitten und getrocknet.

16km

Auch Beeren wie Heidelbeeren, Himbeeren und Brombeeren fanden entweder sofort in der Küche Verwendung, wurden verkauft oder zu Saft verarbeitet.

Gekocht wurde bis Anfang des 18. Jahrhunderts in einer Rauchkuchl, einem fensterlosen und ungesunden Raum. Die Erfindung des Sparherdes, der in einer Eisengießerei in Joachimstal bei Harmanschlag hergestellt wurde, brachte grundlegende Veränderungen für die Köchin: Diese gemauerten Herde waren mit einer gusseisernen Herdplatte sowie Backrohr und Wasserwanne (Schiff) ausgestattet und wurden in neuen Küchenräumen mit Fenstern aufgestellt. Diese Einrichtung brachte neue Möglichkeiten der Speisenzubereitung mit sich, Brei und Sterz, jene uralte Kraftnahrung, wurden durch neuartige Gerichte ergänzt. An der Einfachheit der Kost änderte sich dadurch nichts.

So kam etwa als tägliche Speise morgens und abends die Milchsuppe (auch Mehl-, Rahm-, oder Stosuppe genannt) auf den Tisch, die aus Wasser, Mehl und saurer

Milch bzw. Sauerrahm zubereitet wurde (Rezept Seite 30). Dazu aß man gekochte Erdäpfel oder Brot. Zu Mittag gab es Sterz oder Knödel (ursprünglich aus Roggenmehl, wodurch sie eine dunkle und unansehnliche Farbe bekamen) mit Kraut oder Sauerkraut.

Brot und Striezel – alles von eigener Hand

Aus den suppen- und breiartigen Speisen der Vorzeit ist das Brot entstanden, das anfänglich wohl eine Art Fladenbrot war, das auf heißen Steinen gebacken wurde. Die Feuerflecken (Rezept Seite 91) erinnern noch daran.

Langsam hat sich das Backrohr durchgesetzt, es wurde meist mit bereits vorhandenen Feuerstellen kombiniert und befand sich in der Küche, im Vorhaus oder in der Waschküche.

Je nach Größe der Familie wurde alle zwei bis drei Wochen Brot gebacken, was der Tradition entsprechend die Aufgabe der Hausfrau war. Brotbacken war eine sehr verantwortungsvolle Tätigkeit: Denn geriet das Brot aus irgendeinem Grund nicht nach Wunsch, so konnte das der Anlass für wochenlanges Nörgeln und Kritik sein.

Die Vorbereitungen für den Backtag begannen schon am Vortag, alle Gerätschaften wie Backtrog mit dem Mehl und „Backkadl" wurden in die Nähe des Sparherdes in die Küche zum Aufwärmen gestellt. Der Rest Sauerteig vom letzten Brotbacken wurde mit der Germ (falls verwendet) in warmem Wasser angerührt und in eine Mulde im Mehl gegossen, zugedeckt und über Nacht stehen gelassen.

Am nächsten Morgen hat man das Backrohr angeheizt und den Brotteig zubereitet. Durch die Beigabe von Gewürzen bekam jedes Brot seinen charakteristischen Geschmack. Mancherorts setzte man auch Milch und geriebene Erdäpfel zu, dadurch wurde das Brot saftiger.

Wenn der Teig genug gegangen war, wurden Laibe geformt und in die aus Stroh geformten „Backkadl“ gegeben. Dann allmählich wurde das Backrohr heiß genug und die Brotlaibe mit der „Ofaschüssl“ eingeschossen, nach der halben Backzeit wurden sie „umgeschossen“, das heißt, sie wurden herausgenommen, mit einem feuchten Tuch bestrichen und dann wieder in das Backrohr geschoben.

Die Teigreste aus dem Backtrog hat man herausgekratzt und einen Teil für das nächste Brotbacken verwendet, weiters hat man daraus „Feuerflecken“ und „Schobnblattln“ (Rezept Seite 94) zubereitet.

Das fertige Brot wurde auf der Brotleiter entweder auf dem Dachboden oder in einem anderen trockenen Raum aufbewahrt, so jedenfalls, dass es für Mäuse unerreichbar war. Im Sommer konnte das so aufbewahrte Brot recht hart werden, das nahm man aber gerne in Kauf, da man das Brot ohnehin gerne „einbrockte“.

Nach dem Brotbacken wurden in der Restwärme des Backrohrs die Kletzen (Birnen) und Zwetschken getrocknet und dadurch haltbar gemacht. Sie wurden dann im Spätherbst – falls nötig – klein gehackt, eingeweicht und unter den Brotteig aus Roggenmehl geknetet.

Dieses Kletzenbrot war besonders in der Vorweihnachtszeit auf vielen Tischen zu finden. Durch das Stilllegen von Backöfen und das Fehlen von dunklem Mehl geriet das vorweihnachtliche Kletzenbrot seit dem Zweiten Weltkrieg immer mehr in Vergessenheit.

Der Allerheiligenstriezel, im Volksmund auch einfach „Heiligenstriezel“ genannt, war ursprünglich ein Milchbrot mit Butter, Eiern und Rosinen. Heute wird es meist aus einem feinen Germteig mit Rosinen zubereitet (Rezept Seite 90). Es war der Brauch, dass die Taufpatin („Godl“) den Striezel am Vorabend von Allerheiligen buk und ihn ihrem Taufkind schenkte.

Milch, Butter und „Kas" – jeden Tag frisch

Kühe und Ziegen wurden bis nach dem Zweiten Weltkrieg fast ausschließlich zur Deckung des eigenen Bedarfs gehalten.

Milch wurde in jeder Form, nämlich roh oder gekocht, kuhwarm, süß, sauer und als Butter- oder Magermilch getrunken. Den Rahm von der Milch hat man abgeschöpft und stehen gelassen, bis er sauer genug war, um ihn zu Butter zu rühren. Anschließend wurde die Butter zu einem Striezel geformt.

Aus saurer Milch hat man Topfen gewonnen, der sehr oft nur als „Kas" oder „Topfenkas" bezeichnet wurde. Mit etwas Schnittlauch aus dem eigenen Hausgartl bestreut, war er eine willkommene Abwechslung zur Jause.

Aus Butter- oder Sauermilch wurde die Sto-, Milch- oder Mehlsuppe gekocht und zu besonderen Anlässen gab man in die Suppe ein paar Löffel Rahm zur Geschmacksverbesserung.

Erdäpfel – wichtiges Grundnahrungsmittel

Zu Beginn des 17. Jahrhunderts wurden die Erdäpfel aus Südamerika nach Europa importiert. Sie galten als Rarität und Kostbarkeit und wurden ausschließlich in den Gärten der Fürstenhöfe angebaut. In manchen Regionen in Österreich wurde bereits gegen Ende des 18. Jahrhunderts der Anbau von Erdäpfeln intensiviert, so zum Beispiel im Waldviertel. Trotz des vorherrschend rauen Klimas gediehen die Erdäpfel hier besonders gut und erlangten bald beachtliche Größen.

Erst allmählich wurden die Erdäpfel zu einem selbstverständlichen Grundnahrungsmittel. In den Städten mit mehr Fleischkonsum gelang diese Umstellung leichter, denn hier aß man die Erdäpfel einfach als neue Beilage zu Fleischgerichten.

In der ländlichen Küche aber, wo naturgemäß weniger Fleischgerichte und mehr Mehl- und Milchspeisen gegessen wurden, mussten die Erdäpfel alte Speisen verdrängen. Umso erstaunlicher ist es daher, dass gerade die Waldviertler Bauernküche die Erdäpfel sehr bald und intensiv in ihren Speiseplan integriert hat. Und heute bilden sie die Grundlage des wohl bekanntesten kulinarischen Exportartikels des Waldviertels, des Waldviertler Knödels.

Früher wurden die Erdäpfel händisch gesetzt, heute wird dieser Vorgang maschinell durchgeführt. Gestern und heute gilt allerdings folgender Spruch, der besagt, dass man die Erdäpfel wegen der Spätfröste nicht zu früh setzen soll: „Setzt mi in April, kimm i, wann i will, setzt mi in Mai, kimm i glei."

Auch die händische Ernte, das „Erdäpfelklauben", stellte eine sehr anstrengende Tätigkeit dar und wird auch heute vielerorts noch so durchgeführt, verbreitet kommen aber Erntemaschinen zum Einsatz.

Mohn – festliche Zutat zu karger Kost

Der Anbau von Mohn hat im westlichen Waldviertel lange Tradition, die bis in das 12. Jahrhundert zurückreicht. Die aus dem Norden eingewanderten Kuenringer bemühten sich, das Waldviertel urbar zu machen und zu besiedeln. Im Zuge dessen begann man, den dichten Nordwald zu roden und Orte und Burgen zu gründen – so auch das Stift Zwettl. Die Mönche betrieben Ackerbau und pflanzten auch Mohn, ursprünglich um daraus Öl zu gewinnen, mit dem sie das Ewige Licht speisten. Man wusste auch um die Heilkraft der Pflanze und um die Gewinnung von Betäubungsstoffen aus ihren Samen.

Die Familie der Mohngewächse ist weit verzweigt und umfasst etwa 600 Arten. Der im Waldviertel angebaute Mohn ist der Papaver somniferum, der Schlafmohn, der hier bestens gedeiht. Anbau, Pflege und Ernte von Mohn waren sehr arbeits- und zeitaufwändig und werden vielfach immer noch händisch durchgeführt. Im Frühjahr

wurden die Samen ausgesät, dann mussten die zarten Pflänzchen von Unkraut befreit werden. Zwischen Ende Juni und Mitte Juli war es dann so weit: Die Mohnblüte verwandelte ganze Felder in eine bunte Pracht. Sobald sich die so genannten „Augen", die Löcher unterhalb der Narbe der Kapsel, öffneten, war der Mohn reif und die Zeit der Ernte gekommen. Die Kapseln wurden aufgeschnitten und die Samen herausgeschüttelt, mit der Windmühle wurde der Mohn vollständig gesäubert, das heißt, die Samen wurden von der Spreu getrennt.

Mohn wurde früher weder gemahlen noch gerieben, sondern im Mohnmörser, dem so genannten „Mohnnabl", gestoßen. Dabei wurden die Samen mit dem hölzernen Mörser zerquetscht, wodurch er sein Aroma viel besser entfalten konnte.

Mohn gilt mittlerweile als eine der beliebtesten Spezialitäten des Waldviertels und wird weit über seine Grenzen hinaus geschätzt.

Kraut und Rüben – beliebte Vor- und Zuspeisen

Als letzte Frucht im Herbst wurden die Rüben und das Kraut geerntet. Sie wurden ausgerissen, die Wurzeln entfernt und geputzt. Während die Rüben zum Großteil als Futter für das Vieh dienten, war das Kraut ein beliebtes und eigentlich das wichtigste Gemüse. Es gab Süßes Kraut (Rezept Seite 53), Krautsalat oder Sauerkraut. Auch die Rüben konnten, ähnlich wie das Sauerkraut, fein geschnitten und durch Milchsäuregärung haltbar gemacht werden.

Für Sauerkraut wurden die Krautköpfe mit einem Krauthobel fein geschnitten, dann in ein großes Gefäß aus Holz (Krautschaffl) gegeben und fest eingestampft. Dieses Eintreten war meist die Aufgabe von den Kindern. Das Kraut wurde mit Salz, Pfeffer und Wacholderbeeren gewürzt und das austretende Wasser abgeschöpft. War das Gefäß randvoll, wurde das Kraut mit einem Brett und Steinen beschwert und einige Wochen stehen gelassen, bis es reif für den Verzehr war. Gerade im Winter verging kaum ein Tag, an dem nicht Sauerkraut auf dem Speiseplan stand.

Weit verbreitet war auch das „Gruabkraut", auch „Gruakraut" (Grubenkraut): Die „Krauthapln" (Krautköpfe) wurden geerntet, mit kochendem Wasser kurz überbrüht und in eine mit Brettern ausgeschlagene Grube dicht eingeschlichtet. Das Kraut wurde mit Brettern abgedeckt und mit Steinen beschwert. Nach einigen Wochen hatte das Kraut eine Gärung durchgemacht und konnte verzehrt werden.

Obst- und Hausgarten – gehegt und gepflegt

Hinter den typischen Waldviertler Bauernhäusern lag der Baumgarten, in dem Apfel-, Birnen- und Zwetschkenbäume standen, die ausschließlich von den Männern betreut wurden. Der Hausgarten, das „Gartl“, hingegen fiel ausschließlich in den Zuständigkeitsbereich der Frauen. Das Gartl war von einem Holzzaun umgeben, damit es für die Hühner unzugänglich war und beinhaltete Gurken, Petersilie, grünen Salat, Karotten, Schnittlauch, Kren etc. Daneben fand sich aber auch immer Platz für einige Blumenbeete. In die Nähe des Gartls beziehungsweise des Hauses wurde auch sehr gerne eine Hollerstaude gesetzt, ihr schrieb man besondere Kräfte zu. Sie sollte vor Blitzschlag, Tod und Verderben schützen und galt als Heilmittel.

Fleisch und Festtagsküche – alle heilige Zeiten

Meist wurde vor einer Reihe von kirchlichen Festtagen ein Schwein geschlachtet, so etwa vor Weihnachten oder vor den Osterfeiertagen. Das Schlachten nahm meist der Bauer selber vor, danach ging es ans Verarbeiten aller Teile.

Aufgrund der begrenzten Möglichkeiten, Fleisch haltbar zu machen, bedeutete das immer einen vermehrten Fleischkonsum nach dem Schlachten, dem dann wieder magere Zeiten folgten.

Der Speck wurde „ausgelassen“ und somit Schmalz gewonnen, das schönere Fleisch hat man meist geselcht, aber auch Würste und andere Spezialitäten, wie mancherorts etwa die „Saumoasn“ (Rezept Seite 50), wurden hergestellt. Schweinsfüße und Kopf wurden für die Herstellung einer Haussulz verwendet. Die Därme wurden sorgfältig gereinigt, sie wurden als Hülle für Leberwurst und Blunzen gebraucht. Aus den Innereien wurde ein Beuschel (Rezept Seite 44) gekocht oder eine Beuschelsuppe. Mancherorts wurde das Fleisch auch gebraten und in Schmalz eingegossen. Wurde ein Stück Fleisch für den Verzehr entnommen, so musste man wieder etwas flüssiges Schmalz darüber gießen, sodass das Fleisch immer bedeckt war. Auch so wurde die Haltbarkeit etwas verlängert.

Mit den Grammeln verfuhr man ähnlich, auch sie wurden in Schmalz eingegossen und dann nach und nach verkocht.

Mancherorts wurde das Fleisch eingesalzen beziehungsweise eingepökelt, in einen Topf geschlichtet und an einer Kette in den Brunnenschacht gehängt. An diesem dunklen und kühlen Ort war es in der warmen Jahreszeit sicher vor Fleischfliegen und konnte somit länger konserviert werden.

Die klassischen Zubereitungsformen von Fleisch waren der Schweinsbraten mit Erdäpfelknödel als Beilage, aber auch gekochtes, so genanntes „gesottenes" Fleisch, war sehr beliebt. Dazu gab es sehr oft ebenfalls Erdäpfelknödel mit Semmel- oder Apfelkren. Mitte des 19. Jahrhunderts hat das Wiener Schnitzel Eingang in die Festmahlzeiten des Volkes gefunden, allerdings wurde es mit Schweinefleisch statt mit Kalbfleisch zubereitet.

Auch Geflügel stand ab und zu auf dem Speiseplan, vor allem Hühner, vielerorts hielt man aber auch Gänse.

Das Waldviertel ist auch bekannt für seine großen Fischteichanlagen, vor allem die Karpfenzucht hat hier eine lange Tradition. Da aber die Fischerei lange Jahrhunderte hindurch das Vorrecht der Besitzenden (z. B. Klöster) war und Fisch daher kaum Verwendung in der bäuerlichen Küche fand, wird darauf in diesem Buch nicht näher eingegangen.

Die schönsten Seiten des Waldviertels
Reinhard Mandl
Waldviertel – Bilder einer Region
96 Seiten, 21 x 24 cm,
durchgehend bebildert, € 14,90
ISBN 978-3-99005-053-8

Zu den Rezepten:

Die hier gesammelten Rezepte sind vielfach mündlich überliefert worden. Viele dieser traditionellen Gerichte gibt es in unzähligen Variationen, hat doch jede Region, jedes Dorf, ja sogar jedes Haus seine eigene Rezeptsammlung. Ich habe versucht, möglichst viele Varianten aufzuzeigen, sofern sie mir bekannt sind. Ursprünglich wurde für die meisten Gerichte Schweineschmalz als Fett verwendet, dies kann aber nach Belieben durch anderes Fett oder Öl ersetzt werden.

Glossar

BEUSCHEL: *Gericht aus Lunge*
BLUNZE: *Blutwurst*
DALKEN: *kleine Pfannkuchen*
DAMPFL: *Hefeansatz, Vorteig*
EIDOTTER: *Eigelb*
EIERSCHWAMMERL: *Pfifferlinge*
EIKLAR: *Eiweiß*
EINBRENN: *braune Mehlschwitze*
EINMACH: *helle Mehlschwitze*
ERDÄPFEL: *Kartoffeln*
FASCHIERTES: *Hackfleisch*
FEUERFLECKEN: *Brotteigfladen*
FISOLEN: *Bohnen*
GERM: *Hefe*
GESELCHTES: *Rauchfleisch, Geräuchertes*
GRAMMELN: *Grieben*
HÄUPTELSALAT: *Kopfsalat*
HEIDELBEEREN: *Blaubeeren*
HOLLER: *Holunder*
KLETZEN: *Dörrbirnen*
KLETZENBROT: *Früchtebrot*
KNÖDEL: *Klöße*
KOCH: *breiartige Mehlspeise*
KRAUT: *Rotkohl oder Weißkohl*
KREN: *Meerrettich*
MARMELADE: *Konfitüre*
RAHM/SAUERRAHM: *saure Sahne*
SAUERKRAUT: *Sauerkohl*
SAUMAISEN: *geräuchertes Hackfleisch im Schweinsnetz*
SCHLAGOBERS: *Sahne*
SCHMALZ: *ausgelassenes Schweinefett*
SCHMARREN: *warme Mehlspeise aus Grieß, Erdäpfeln, Mehl …*
SCHÖBERL: *in einer Pfanne in Schmalz zubereiteter Sterz*
SCHWAMMERLN: *Pilze*
STERZ: *dicker Brei aus Grieß oder Mehl*
TOPFEN: *Quark*
ZWETSCHKE: *Pflaume*

WISSENSWERTES: *Unzählige Zubereitungsarten gibt es für die Brotsuppe, die auch unter der Bezeichnung „Schnittelsuppe" weit verbreitet war.*

Brotsuppe

FÜR 4 PERSONEN

400 g altbackenes Brot

1,5 l Wasser oder Fleischsuppe

1 kleine Zwiebel

1 Knoblauchzehe

1 TL Fett

etwas Salz

Kümmel

Majoran

1 Lorbeerblatt

Pfeffer

Schnittlauch oder Petersilie zum Bestreuen

Altbackenes Brot in Schnitten schneiden und mit dem Wasser oder der Suppe weich kochen, bis man es gut versprudeln kann. Mit Salz, Kümmel, Majoran und Lorbeerblatt würzen.

Zwiebel und Knoblauchzehe klein hacken, in heißem Fett goldbraun rösten und in die Suppe einrühren.

Vor dem Servieren mit Pfeffer abschmecken und mit gehacktem Schnittlauch oder Petersilie bestreuen.

Brotsuppe mit Grammeln

FÜR 4 PERSONEN

120 g altbackenes Bauernbrot

1 l heißes Salzwasser

40 g Grammeln

Salz

Butter oder Butterschmalz zum Anbraten

Grammeln in Butter oder Butterschmalz anrösten und salzen.

Brot in Scheiben schneiden und in einen Topf schichten. Das Brot mit dem heißen Salzwasser übergießen.

Nach einer Stunde das Brot etwas zusammendrücken und das überschüssige Salzwasser ausgießen.

Die heißen gerösteten, gesalzenen Grammeln oben auf das Brot geben.

Einfache Einbrennsuppe mit Brot

FÜR 4 PERSONEN

1,5 l Wasser
1 Prise Salz
etwas Fett
1 EL Mehl
5 Brotschnitten

Wasser salzen und zum Kochen bringen, in eine Suppenschüssel leeren.

Brotschnitten dazugeben und aus Fett und Mehl eine helle Einbrenn bereiten.

Die Einbrenn über die Brotschnitten in der Suppe gießen und servieren.

WISSENSWERTES: *Da nur etwa einmal im Monat Brot gebacken wurde, war hartes und trocken gewordenes Brot nahezu alltäglich; Eine Brotsuppe war zwar ein recht einfaches Gericht, aber auf diese Art konnte man gut hart gewordenes Brot verwerten.*

WISSENSWERTES: *Mancherorts wurde die Erdäpfelsuppe zusammen mit einer süßen Speise gegessen, beispielsweise mit einem Apfelstrudel. Diese Kombination ist zwar schwer vorstellbar, doch wenn man es einmal probiert hat, kann man sehr leicht Gefallen daran finden.*

Erdäpfelsuppe

FÜR 4 PERSONEN

1,5 l Wasser
3–4 große Erdäpfel
1 Karotte
Salz
Majoran
Lorbeerblatt
1 Knoblauchzehe
1/2 kleine Zwiebel
1 Spritzer Essig
etwas Fett
1 EL Mehl

Die Erdäpfel schälen und würfelig schneiden, die Karotte schälen und grob reißen. Zusammen mit den Gewürzen sowie Knoblauch und Zwiebel in dem Wasser weich kochen.

Aus Fett und Mehl eine helle Einbrenn zubereiten und die Suppe damit binden.

Zuletzt noch mit einem Spritzer Essig abschmecken und die Zwiebel und die Knoblauchzehe vor dem Servieren entfernen.

TIPP: Als Geschmacksverfeinerung kann man getrocknete Schwammerln einstreuen und mitkochen.

Mehlsuppe

FÜR 4 PERSONEN

750 ml Wasser
etwas Salz
Kümmel
500 ml Milch
1 EL Mehl
250 ml Sauerrahm

Das Wasser mit Kümmel und Salz aufkochen.

Das Mehl mit der Milch verquirlen und in das kochende Wasser einrühren, aufkochen und vom Herd nehmen.

Zuletzt den Sauerrahm einrühren.

„Milch-Rebalsuppm“

FÜR 4 PERSONEN

1,5 l Milch
1 Ei
etwas Salz
Pfeffer
3 EL Mehl

Mehl und Ei abbröseln („rebaln“) und in die kochende Milch einrieseln lassen.

Mit Salz und Pfeffer würzen.

VARIANTE: *Wurde die Einlage („Rebal“) in Fleischsuppe eingekocht, so erhielt man die „Rebalsuppm“.*

WISSENSWERTES: *Diese Suppe ist auch unter den Namen „Milchsuppe", „Rahmsuppe" oder „Stosuppe" bekannt, die alle auf der Milch-Mehl-Basis beruhen, aber in zahlreichen Variationen zubereitet wurden. Der Begriff „sto" soll aus dem Slawischen kommen und bedeutet „gerinnen". Je nach Vorrat wurde für diese Suppe Vollmilch, Sauermilch oder Buttermilch verwendet, wenn keine Sauermilch vorhanden war, konnte man die Suppe noch zusätzlich mit einem Spritzer Essig abschmecken.*

Diese Milchsuppe war eine weit verbreitete Speise, die täglich zweimal auf den Tisch kam. Man aß sie morgens und abends mit Schwarzbrot, indem man sie aus der Schüssel löffelte und das Brot einbrockte. Zudem wurde die Milchsuppe sehr gerne mit gekochten Erdäpfeln serviert, auch die Kombination mit „geschmalzenen Erdäpfeln" war sehr weit verbreitet. Dazu wurden Erdäpfel gekocht, geschält und in einer Pfanne mit heißem Fett (Schweineschmalz) zerkleinert und geröstet. Die Erdäpfel wurden zusammen mit der Suppe aus einem Teller gegessen.

Erpfikas

FÜR 10 PERSONEN

1 kg mehlige Erdäpfel
100 g Butter
250 ml Sauerrahm
Salz, Pfeffer
gemahlener Kümmel
1 fein gehackte Zwiebel

Die Erdäpfel kochen und auskühlen lassen.

Butter zerlassen, mit Sauerrahm, Salz, Kümmel und Pfeffer vermischen. Zwiebel unterrühren.

Gekochte, kalte Erdäpfel schälen, mit einer Erdäpfelpresse pressen und mit dem Schneebesen unter die Marinade rühren.

TIPP: *Mit gehacktem Schnittlauch oder Petersilie verfeinern.*

Waldviertler Topfenkas

FÜR 10 PERSONEN

250g Topfen
1-2 gekochte Erdäpfel
30 g Butter
1 Knoblauchzehe
Milch oder Rahm
Salz, Pfeffer
Paprika

Ausgekühlte Erdäpfel fein reiben oder pressen, mit dem Topfen locker vermischen.

Butter zerlassen, mit zerdrückter Knoblauchzehe, Salz, Pfeffer und reichlich Paprika würzen, das Topfen-Erdäpfelgemisch darunterrühren.

Nach Bedarf noch mit Milch oder Rahm versetzen.

Fleischaufstrich

FÜR 10 PERSONEN

1 kg rohe Schweinefleischabschnitte, klein geschnitten

1 Zwiebel

1 EL Schweineschmalz

20 g Kräutersalz

7 g Leberbrotaufstrichgewürz

2 Knoblauchzehen

Zwiebel fein schneiden und in Schweineschmalz leicht braun anrösten. Fleisch dazugeben, kurz durchrösten und mit 1/16 l Wasser aufgießen. Salz, Aufstrichgewürz und Knoblauch untermengen und zugedeckt leicht köcheln lassen. Durch eine 3 mm Scheibe faschieren.

In ein Einmachglas füllen, gut verschließen und im Rohr im Wasserbad bei 150 °C 30 Minuten haltbar machen, danach abkühlen lassen und im Kühlschrank lagern. Dieser Aufstrich ist etwa 3 Wochen haltbar.

Grammelschmalz

FÜR 10 PERSONEN

1 kg grüner Bauchspeck

Salz, Pfeffer

evtl. Zwiebel, Knoblauch

Die Speckschwarte entfernen und den Speck kleinwürfelig schneiden.

Den Speck in einer heißen Pfanne rösten und das Fett anschließend abseihen, Schmalz und Grammeln erkalten lassen.

Das Schmalz mit Salz und Pfeffer würzen und zu frischem Brot servieren.

Sehr gut schmeckt dieser Aufstrich auch, wenn man etwas Zwiebel und Knoblauch fein hackt und zum Schluss mit dem Fett etwas mitbrät. Auch die Grammeln kann man im Fett lassen und abschmecken.

TIPP: *Als Verfeinerung kann man in den Sterz zwei Eier einrühren oder man streut über den fertigen Sterz frische Heidelbeeren.*

Abbrennsterz

FÜR 4 PERSONEN

450 g Mehl
250 ml Wasser
Salz
150 g Fett

Das Mehl in einer Pfanne trocken rösten, bis es eine bräunliche Farbe angenommen hat.

Dann mit siedendem Wasser übergießen („abbrennen") und mit einer Gabel kurz zerreißen, sodass kleine Klumpen entstehen.

Fett dazugeben, den Sterz darin anrösten und salzen.

Erdäpfelschöberl

FÜR 4 PERSONEN

1 Teil gekochte Erdäpfel

3 Teile rohe Erdäpfel

1 Hand voll Grammeln

Schweineschmalz

Die rohen Erdäpfel schälen, waschen und reiben. Dann durch ein Geschirrtuch seihen und kräftig auspressen. Die ausgepresste Flüssigkeit vorsichtig abgießen und die abgesetzte Stärke zur Erdäpfelmasse geben.

Die gekochten Erdäpfel schälen, und durch eine Presse drücken, dann mit der rohen Erdäpfelmasse vermischen und salzen.

Die Grammeln gründlich einmengen und die Masse in eine mit Schmalz befettete Auflaufform geben.

Im Backrohr so lange garen, bis das Schöberl eine schöne Kruste bekommt.

TIPP: *Dieses Erdäpfelschöberl schmeckt wunderbar mit grünem Salat, verfeinern können Sie es noch, indem Sie mit den Grammeln noch geschnittenes Selchfleisch oder Speck beifügen.*

TIPP: *Um die Grammelfülle etwas zu verfeinern, kann man auch eine Eierspeise von 1 bis 2 Eiern untermengen.*

Grammelknödel

FÜR 4 PERSONEN

1 Teil gekochte Erdäpfel
3 Teile rohe Erdäpfel
200 g Grammeln
Salz, Pfeffer
1 Knoblauchzehe
Schnittlauch

Die rohen Erdäpfel schälen, waschen und reiben. Dann durch ein Geschirrtuch seihen und kräftig auspressen. Die ausgepresste Flüssigkeit vorsichtig abgießen und die abgesetzte Stärke zur Erdäpfelmasse geben.

Die gekochten Erdäpfel schälen und durch die Presse drücken, dann mit der rohen Erdäpfelmasse vermischen und salzen.

Für die Fülle die Grammeln salzen, pfeffern und mit dem klein geschnittenen Knoblauch und dem Schnittlauch vermengen. Mit nassen Händen Knödel formen, flach drücken, etwas Fülle darauf setzen und wieder zu Knödeln drehen. In Mehl wenden und in siedendem Salzwasser etwa 20 Minuten ziehen lassen.

VARIANTE: *Grammelknödel konnte man auch aus einem Teig mit gekochten Erdäpfeln und Mehl zubereiten, oder etwa mit einem Teig aus Mehl, Ei und Salz, auch diese Varianten waren sehr beliebt. Als Fülle eignen sich auch Blunze oder faschiertes Fleisch.*

Grießknödel

FÜR 4 PERSONEN

2–3 Erdäpfel
1 Hand voll Grieß
1–2 Semmeln
1 Ei
etwas Butter
etwas Sauerrahm
Muskatnuss
etwas Salz

Die Erdäpfel kochen, schälen und durch die Presse drücken. Die Semmeln würfelig schneiden und zusammen mit dem Grieß mit den Erdäpfeln vermengen.

Ei, zerlassene Butter und Sauerrahm unterrühren und zuletzt mit Muskatnuss und etwas Salz würzen.

Zu Knödeln formen und in leicht wallendem Salzwasser etwa 20 Minuten ziehen lassen.

Schwammerlsterz

FÜR 4 PERSONEN

500 g Eierschwammerln oder gemischte Pilze
etwas Fett
Petersilie
1 Hand voll Grieß
2–3 Eier
Salz, Pfeffer

Die Eierschwammerln putzen und gegebenenfalls zerkleinern. In heißem Fett zusammen mit etwas gehackter Petersilie anrösten, bis die Flüssigkeit fast zur Gänze verdunstet ist.

Den Grieß darüber streuen und leicht mitrösten, salzen und pfeffern. Die Eier verschlagen, darüber gießen, durchmischen und stocken lassen.

Zuletzt noch mit frischer Petersilie bestreuen und mit Salat servieren.

VARIANTE: *Zur Geschmacksverbesserung kann man Grammeln unterrühren, eine süße Variante erhält man, wenn man eventuell Apfelspalten untermengt.*

Grießsterz

„Rebalsterz"

FÜR 4 PERSONEN

250 g Erdäpfel
40 g Grieß
Salz
375 ml Milch
80 g Schweineschmalz

Die Erdäpfel kochen, schälen und reiben. Anschließend mit dem Grieß und dem Salz gut abbröseln und in eine befettete Auflaufform geben.

Im Backrohr leicht anbacken, dann die heiße Milch am Rand angießen und im Rohr quellen lassen. Mit zwei Gabeln zerpflücken und etwas Schmalz unterrühren.

TIPP: *Sehr gerne hat man den Grießsterz mit Apfelkompott beziehungsweise mit Kompott nach Wahl gegessen.*

VARIANTE: *Eine schnelle Variante der Erdäpfelknödel erhält man, wenn man statt der gekochten Erdäpfel Semmelwürfel verwendet. In diesem Fall dürfen die rohen Erdäpfel aber nicht ausgepresst werden.*

Waldviertler
Erdäpfelknödel

FÜR 4 PERSONEN

1 Teil gekochte Erdäpfel
3 Teile rohe Erdäpfel
Salz

Die rohen Erdäpfel schälen, waschen und reiben. Dann durch ein Geschirrtuch seihen und kräftig auspressen. Die ausgepresste Flüssigkeit vorsichtig abgießen und die abgesetzte Stärke zur Erdäpfelmasse geben.

Die gekochten Erdäpfel schälen und durch die Presse drücken, dann mit der rohen Erdäpfelmasse vermischen und salzen.

Mit nassen Händen Knödel formen und in siedendem Salzwasser etwa 20 Minuten ziehen lassen.

TIPP: *Die Erdäpfelknödel waren ursprünglich Hauptgericht, werden aber heute fast ausschließlich als Beilage (Zuspeise) zu Fleischgerichten wie Schweinsbraten, Geselchtes und gekochtes Fleisch gegessen. Gerne wurden sie auch einfach zu einer „Eintauch" (Rezept Seite 54) serviert.*

WISSENSWERTES: *Die rohen Erdäpfel verfärben sich sehr leicht und die Knödel nehmen einen grauen Farbton an. Aus diesem Grund war es früher weit verbreitet, die Erdäpfel zu schwefeln: Die rohen Erdäpfel schälen, waschen und in einen Topf geben. Einen Erdapfel leicht einschneiden, ein Stück Schwefelblättchen hineinstecken, anzünden und mit einem Deckel zudecken. Sobald das Schwefelblättchen zur Gänze verbrannt ist, die Erdäpfel noch einmal waschen und wie im obigen Rezept weiter-verarbeiten. Auch durch die Zugabe von etwas Sauerrahm oder Essig kann man die Verfärbung etwas vermindern.*

Beuschel

FÜR 4 PERSONEN

500 g Beuschel (Lunge)
Wurzelwerk
Salz, Pfeffer
Essig
Lorbeerblatt
Majoran
1 kleine Zwiebel
etwas Fett
1 EL Mehl

Beuschel zusammen mit dem klein geschnittenen Wurzelwerk und den Gewürzen weich kochen, anschließend nudelig schneiden und wieder in das Kochwasser geben.

Die Zwiebel klein schneiden, in etwas Fett anrösten und mit dem Mehl eine Einbrenn herstellen. Mit dieser das Beuschel eindicken, Essig zufügen und nochmals abschmecken.

TIPP: *Beuschel serviert man am besten mit den klassischen Waldviertler Knödeln (Rezept Seite 42), aber auch mit Semmelknödeln schmeckt es hervorragend.*

Gsottenes

mit gestürzten Erdäpfeln

FÜR 4 PERSONEN

Gestürzte Erdäpfel:

1,4 kg Erdäpfel

150 g Zwiebeln

160 g Butter

Semmelbrösel

Salz, Pfeffer

gemahlener Kümmel

Beinfleisch:

1 kg Beinfleisch

200 g Suppengemüse (Karotten, Sellerie, Zwiebel, Lauch)

Lorbeerblatt

Pfefferkörner

Knoblauch

Salz

Die Erdäpfel weich kochen, schälen, erkalten lassen, anschließend mit der Rösti-Reibe fein reißen. Die Zwiebeln fein schneiden, in Butter rösten, Erdäpfel beigeben, mit Salz, Pfeffer und gemahlenem Kümmel würzen und goldbraun rösten.

Eine kleine, feuerfeste Form mit Butter ausfetten, die Semmelbrösel einstreuen und die Form mit den Bröseln auskleiden.

Die Erdäpfel in die Form einfüllen und gut pressen, im Backrohr bei 160 °C etwa 25 Minuten backen. Beim Anrichten auf Teller oder Platte stürzen.

Das Beinfleisch waschen und in kochendem Wasser mit Suppengemüse und Gewürzen etwa 90 Minuten weich kochen.

Haussulz

FÜR 4 PERSONEN

2 Teile Kopffleisch
1 Teil Schwarten
1 Teil Schweinsfüße
Wurzelwerk
Pfeffer
Lorbeerblatt
Majoran
Salz
1 Zwiebel
Essig, Öl

Kopf, Schwarten und Schweinsfüße mit dem klein geschnittenen Wurzelwerk und den Gewürzen langsam kochen und dann abseihen.

Das Fleisch von den Knochen lösen und mit den Schwarten in kleine Stücke schneiden. In eine Form geben, gewürfelte Karotten eventuell dazugeben und mit der gut gewürzten Suppe aufgießen.

An einem kühlen Ort erstarren lassen.

Mit Zwiebel, Essig und Öl anrichten.

Saumaisen

FÜR 4 PERSONEN

600 g faschiertes Schweinefleisch (mager und fett)
Schweinsnetz
Salz, Pfeffer
Majoran
Kümmel
1–2 Knoblauchzehen

Das faschierte Fleisch würzen, gut durchkneten und aus dieser Masse Kugeln formen.

Das Schweinsnetz in Vierecke schneiden und die Fleischkugeln damit umhüllen.

Gut ballen, mit Spagat kreuzweise einbinden, eine Schlaufe zum Aufhängen lassen und selchen.

In siedendem Wasser weich kochen und mit Sauerkraut und Erdäpfeln servieren.

VARIANTE: *Mancherorts werden die „Saumoasn" nach dem Selchen im Rohr oder in der Pfanne gebraten und mit Waldviertler Knödeln serviert. Auch ist es möglich, sie nach dem Zubereiten gleich zu braten, ohne sie vorher zu selchen.*

Eingebrannte Erdäpfel

FÜR 4 PERSONEN

500 g gekochte Erdäpfel
1 EL Mehl
etwas Fett
1 Zwiebel
Wasser oder Suppe
Salz, Pfeffer
Majoran
Lorbeerblatt
1 Spritzer Essig

Zwiebel in Fett braun rösten und mit dem Mehl stauben.

Mit Wasser oder Suppe aufgießen und die geschälten und in Scheiben geschnittenen Erdäpfel dazugeben. Mit den Gewürzen und dem Spritzer Essig abschmecken.

TIPP: *Die eingebrannten Erdäpfel wurden sehr gerne als Vorspeise vor einer süßen Hauptmahlzeit gegessen.*

Eingebrannte Fisolen

FÜR 4 PERSONEN

750 g Fisolen
Salz
1 kleine Zwiebel
etwas Fett
etwas Mehl
Salz, Pfeffer
etwas Dille
1 Spritzer Essig

Die Fisolen putzen, in Stücke schneiden oder brechen und in Salzwasser bissfest kochen.

Die Zwiebel fein hacken und in Fett glasig anschwitzen. Mit dem Mehl stauben und gut verrühren.

Anschließend die Fisolen damit einbrennen und mit den Gewürzen pikant abschmecken. Zuletzt den Spritzer Essig und die frisch gekochte Dille beifügen.

WISSENSWERTES: *Wie beliebt das Kraut im Waldviertel einmal war, beweist ein Kinderspruch aus dem Waldviertel der die fünf Finger der Hand so erklärt: „Kloans Fingerl - Goldspringerl - langer Peter - Krautablecker - Lausabtöter".*

Eingebranntes Kraut

„Süßes Kraut"

FÜR 4 PERSONEN

500 g Kraut
50 g Fett
30 g Mehl
Salz
Kümmel
1–2 EL Essig
Zucker

Das Kraut nudelig schneiden und in Wasser unter Zugabe von Salz und Kümmel weich kochen, dann das Wasser abseihen.

Aus Fett und Mehl eine helle Einbrenn bereiten und über das Kraut gießen, mit Salz, Essig und Zucker nochmals abschmecken.

TIPP: *„Süßes Kraut" wurde in manchen Haushalten gerne mit Apfelstrudel oder mit gebackenen Knödeln gegessen, vielleicht schwer vorstellbar, aber doch sehr bekömmlich.*

„Eintauch“

FÜR 4 PERSONEN

1 Zwiebel
1 EL Schweinefett
1 Konblauchzehe
Salz
Kümmel
Essig

Die kleingeschnittene Zwiebel in heißem Fett blaßgelb rösten, mit Kümmel und zerdrücktem Knoblauch würzen, mit einem Schuß Essig abschrecken, mit etwas Knödelwasser zu einem dünnen Saft aufgießen, salzen.

WISSENSWERTES: *„Eintauch“ heißt diese Soße, weil man bei Tisch die Knödelstücke darin eintaucht.*

Erdäpfelkren

FÜR 4 PERSONEN

250 g Erdäpfel
etwas Fett
1 Tasse Milch
Salz
2 EL frisch gerissener Kren

Die Erdäpfel kochen, schälen und passieren.

Mit der heißen Milch aufkochen, das Fett einrühren und salzen.

Zuletzt den Kren unterrühren und nochmals pikant abschmecken.

VARIANTE: *Erdäpfelkren schmeckt hervorragend zu gekochtem Fleisch. Man kann in diesem Fall den Kren auch anders zubereiten: Erdäpfel kochen, schälen, passieren und mit Suppe aufkochen. Eine Einbrenn aus Fett und Mehl bereiten und einrühren. Zuletzt den frisch gerissenen Kren untermengen.*

Essigkren

FÜR 4 PERSONEN

100 g Brösel
Rindsuppe
1 Apfel
6 EL gerissener Kren
Zucker
Essig
Salz
2 EL Öl

Semmelbrösel mit so kochender Rindsuppe aufgießen, daß sie aufquellen können und eine sämige Sauce entsteht.

Den geschälten, roh geriebenen Apfel mit gerissenen Kren dazurühren.

Mit Salz, Zucker und Essig pikant abschmecken. Nach Bedarf Öl einrühren.

Gurkensauce

FÜR 4 PERSONEN

1 kg Gurken
etwas Fett
1 EL Mehl
Wasser oder Suppe
Knoblauchzehe
etwas Salz
Essig
2 EL Sauerrahm
1 Bund Dille

Die Gurken schälen und blättrig schneiden, salzen und etwas stehen lassen.

Aus Fett und Mehl eine Einbrenn zubereiten, mit Wasser oder Suppe aufgießen und gut verkochen lassen.

Die ausgedrückten Gurkenscheiben dazugeben, würzen und weich dünsten.

Vor dem Anrichten den Sauerrahm und die gehackte Dille einrühren.

Kochsalat

FÜR 4 PERSONEN

1 Häuptelsalat
2–3 Erdäpfel
1 EL Mehl
Fett
etwas Milch
1 Knoblauchzehe
Salz, Pfeffer

Salat waschen, nudelig schneiden und zusammen mit den geschälten und gewürfelten Erdäpfeln weich kochen, anschließend das Wasser abseihen.

Eine lichte Einbrenn aus dem Fett, dem Knoblauch und dem Mehl bereiten und mit der Milch aufgießen, diese dann mit dem Salat verrühren und mit Salz und Pfeffer abschmecken.

VARIANTE: *Dieser Kochsalat wurde einfach mit Brot gegessen, man konnte auch zur Verfeinerung 2 ganze Eier einrühren.*

Sauerkraut

FÜR 4 PERSONEN

500 g Sauerkraut
1/2 Zwiebel
etwas Fett
Zucker
Fett
Mehl

Die Zwiebel klein hacken und in wenig Fett glasig andünsten.

Das Sauerkraut dazugeben, zuckern, mit etwas Wasser aufgießen und nicht zu weich kochen.

Aus Fett und Mehl eine Einbrenn bereiten und das Sauerkraut damit eindicken.

TIPP: *Statt mit der Einbrenn kann man das Sauerkraut auch mit einem rohen geriebenen Erdapfel eindicken. Nach dem gleichen Rezept konnte man auch Saure Rüben zubereiten.*

WISSENSWERTES: *In vielen Waldviertler Haushalten wurde Sauerkraut zusammen mit Mohnnudeln gegessen.*

Pfarrkirche Rastenfeld

Apfelknödel

FÜR 4 PERSONEN

750 g Äpfel
1 Ei
1 Prise Salz
eventuell etwas Zimt
200 g Mehl
100 g Fett
100 g Semmelbrösel

Äpfel schälen und in kleine Würfel schneiden, mit Ei, Salz, eventuell Zimt und dem Mehl vermengen.

Aus dem mittelfesten Teig mit nassen Händen Knödel formen und diese in leicht wallendem Salzwasser ziehen lassen.

Die Semmelbrösel in dem Fett rösten und die Knödel darin wälzen.
Vor dem Servieren überzuckern.

Apfelspalten

FÜR 4 PERSONEN

250 ml Milch
2 Eidotter
etwas Salz
150 g Mehl
2 Eiklar
1 kg Äpfel
Fett zum Herausbacken
Zucker zum Bestreuen

Milch, Salz und Eidotter gut versprudeln, das Mehl einrühren und zuletzt den Schnee unterheben.

Die Äpfel mit einem Apfelausstecher entkernen und schälen, dann in etwa 1/2 cm dicke Scheiben schneiden.

Die Apfelscheiben in den Backteig tauchen und in dem heißen Fett herausbacken. Gut abtropfen lassen, mit Staubzucker bestreuen und servieren.

TIPP: *Verfeinern Sie den Geschmack, indem Sie die Apfelspalten zusätzlich mit Zimt bestreuen.*

TIPP: Auch mit Zimtzucker bestreut schmecken die Böhmischen Dalken hervorragend.

Böhmische Dalken

FÜR 4 PERSONEN

250 g Mehl
20 g Germ
50 g Butter
50 g Zucker
125 ml Milch
2 Eidotter
2 Eiklar
1 Prise Salz
Powidl
Zucker zum Bestreuen

Die Germ in etwas lauwarmer Milch auflösen.

In der restlichen Milch Butter, Zucker, Salz und Eidotter verrühren, das Mehl und die aufgelöste Germ dazurühren.

Zuletzt den steif geschlagenen Schnee unterheben und zugedeckt ungefähr 20 Minuten an einem warmen Ort gehen lassen.

In einer speziellen Dalkenpfanne (Pfanne mit Vertiefungen) Fett erhitzen, die Vertiefungen mit dem Teig befüllen und beidseitig backen.

Jeweils 2 Dalken mit Marmelade zusammensetzen, mit Zucker bestreuen und servieren.

Birnen- oder Kletzensterz

FÜR 4 PERSONEN

250 g Erdäpfel
40 g Grieß
Salz
375 ml Milch
80 g Schweineschmalz
einige Haferbirnen bzw. Kletzen

Die Erdäpfel kochen, schälen und reiben.

Anschließend mit dem Grieß und dem Salz gut abbröseln und in eine befettete Auflaufform geben. Im Backrohr leicht anbacken, dann die heiße Milch am Rand angießen und im Rohr quellen lassen.

Mit zwei Gabeln zerpflücken und etwas Schmalz unterrühren.

Zuletzt mit Haferbirnen oder fein geschnittenen Kletzen vermengen und noch kurz durchrösten.

Bröselnudeln

FÜR 4 PERSONEN

250 g Erdäpfel
10 g Grieß
Salz
375 ml Milch
80 g Schweineschmalz
einige Haferbirnen bzw. Kletzen

WISSENSWERTES:
Auch als „Weana Nudeln" war dieses Gericht weit verbreitet.

Die Erdäpfel kochen, schälen und durch die Presse drücken. Mit Grieß, Mehl, Ei, Salz und Fett zu einem weichen Teig verarbeiten.

Zu Rollen formen, davon daumenlange Stücke abschneiden und diese zwischen beiden Händen zu Nudeln wuzeln. In siedendem Salzwasser etwa 10 Minuten kochen, abseihen und mit kaltem Wasser abschrecken.

Die Semmelbrösel in der Zwischenzeit in heißem Fett rösten, die Nudeln darin schwenken und vor dem Servieren mit Staubzucker bestreuen.

TIPP: *Dazu passen Kompotte jeder Art vorzüglich.*

„Einbrennzweckerln“

FÜR 4 PERSONEN

500 g Erdäpfel
Salz
130 g Mehl
1 EL Schmalz
2 EL Mehl
etwas Zucker

Die Erdäpfel schälen, vierteln und in Salzwasser halbweich kochen. Etwas Wasser abgießen, die Erdäpfel ein wenig zerdrücken und mit dem Mehl bedecken.

Mit dem Kochlöffelstiel einige Löcher stechen, sodass etwas Wasser einsickern kann und noch etwa 20 Minuten auf kleiner Flamme dampfen lassen.

Am Nudelbrett gut durchkneten und fingerdicke Rollen formen, diese schräg in etwa 2 cm lange Stücke („Zweckerln“) schneiden und in eine Schüssel geben.

Aus Fett und Mehl eine helle Einbrenn bereiten, über die „Zweckerln“ gießen und mit Zucker bestreuen.

Einfacher Reisauflauf

FÜR 4 PERSONEN

1 Schale Reis
3 Schalen Milch
etwas Salz
etwas Fett

Die Auflaufform gut ausfetten und den Reis hineingeben. Die Milch angießen, salzen und im Rohr dünsten.

Umrühren, zuckern und vor dem Servieren eventuell Früchte nach Wahl untermengen.

Erdäpfelsterz mit Mohn

FÜR 4 PERSONEN

250 g Erdäpfel
40 g Mehl
Salz
375 ml Milch
80 g Schweineschmalz
etwas gemahlener Mohn
Zucker nach Belieben

Die Erdäpfel kochen, schälen und reiben. Anschließend mit dem Mehl und dem Salz gut vermengen und in eine befettete Auflaufform geben.

Im Backrohr leicht anbacken, dann die heiße Milch am Rand angießen und im Rohr quellen lassen.

Mit zwei Gabeln zerpflücken, mit Mohn und Zucker bestreuen und etwas flüssiges Schmalz unterrühren.

TIPP: *Den Erdäpfelsterz hat man sehr gern mit heißer Milch oder mit einem Kompott serviert.*

Gebackene Mohnnudeln

FÜR 4 PERSONEN

500 g Erdäpfel
1 Ei
80 g Grieß
100 g Mehl
30 g Fett
Salz
Mohn
Zucker
Fett

Die Erdäpfel kochen, schälen und durch die Presse drücken.

Mit Grieß, Mehl, Ei, Salz und Fett zu einem weichen Teig verarbeiten. Zu Rollen formen, davon daumenlange Stücke abschneiden und diese zwischen beiden Händen zu Nudeln wuzeln. Auf ein Backblech legen und im Rohr zu goldener Farbe backen, herausnehmen und in eine Schüssel geben.

Zucker mit etwas heißem Wasser verrühren und zusammen mit dem gemahlenem Mohn und dem Fett über die Nudeln geben, gut schwenken.

TIPP: *Zu den gebackenen Mohnnudeln hat man gerne Sauerkraut gegessen.*

Grammelstrudel

FÜR 4 PERSONEN

400 g Mehl
150 g Zucker
200 g Grammeln
2 Eier
etwas Zitronenschale
eventuell etwas Zimt
Milch oder Rahm nach Bedarf
Ribiselmarmelade oder Marmelade nach Belieben

Die Grammeln faschieren beziehungsweise fein wiegen und mit Mehl, Zucker, Eiern, Zitronenschale, Milch und eventuell Zimt zu einem geschmeidigen Teig verarbeiten. An einem kühlen Ort etwa 1 Stunde rasten lassen.

Auf einer bemehlten Arbeitsfläche ausrollen, mit der Marmelade nach Belieben bestreichen und zusammenrollen.

Auf ein Backblech legen und bei 180 °C etwa 25 Minuten backen.

Grießknöderl

in heißer Milch

FÜR 4 PERSONEN

120 g Fett (Butter)
375 ml Milch
180–200 g Grieß
Salz
3 Semmeln
3–4 Eier
750 ml Milch

Die Semmeln würfelig schneiden, in der zerlassenen Butter etwas anrösten und dann aus der Pfanne nehmen.

Mit der Milch aufgießen, aufkochen lassen und den Grieß einrühren. Unter ständigem Rühren quellen lassen, dann vom Herd nehmen und etwas abkühlen lassen.

Die Eidotter einrühren und die Semmelwürfel untermengen, zuletzt den Schnee unterheben.

Knödel formen und in leicht gesalzene, kochende Milch einlegen. 10 Minuten ziehen lassen, zuckern und servieren.

VARIANTE: *Die Knödel können auch in Salzwasser gekocht und mit Zwetschken- oder Heidelbeerkompott serviert werden.*

Hollerkrapfen

FÜR 4 PERSONEN

Hollerblütendolden
150 g Mehl
etwas Salz
125 ml Milch
2 Eier
Fett zum Herausbacken
Zucker und Zimt zum Bestreuen

Mehl, Milch, Salz und Eier zu einem glatten Teig verrühren.

Die Hollerblüten mehrmals in kaltes Wasser tauchen und sie danach mit den Blüten nach unten auf ein Tuch legen, abtropfen lassen.

Anschließend die Blüten bis an den Stängel in Backteig tauchen und in heißem Fett herausbacken.

Vor dem Servieren mit Zimt und Zucker bestreuen.

WISSENSWERTES: *Ein altes Waldviertler Sprichwort lautet: „Zan Ess'n und Bet'n derf ma neamd net'n."*

Kasnudeln

FÜR 4 PERSONEN

250 g Topfen (Kas)
1/2 Becher Sauerrahm
Salz
1 Ei
350 g Mehl
etwas Backpulver
Fett

Auf einem Nudelbrett aus Topfen, Sauerrahm, Salz, Ei, Mehl und dem Backpulver einen geschmeidigen Teig bereiten.

Etwa 20 cm lange, daumendicke Nudeln rollen („wuzeln") und diese im heißen Fett schwimmend herausbacken.

Gründlich abtropfen lassen und mit Staubzucker bestreuen, noch warm servieren.

TIPP: *Sehr gut schmecken die Kasnudeln mit einer warmen Apfelsuppe (Rezept Seite 86).*

Mohnbeugeln

ZUTATEN

Fülle:
80 g Zucker
125 ml Milch
120 g gemahlener Mohn
20 g Rosinen
etwas abgeriebene Zitronenschale
1 Prise Zimt

250 g glattes Mehl
120 g Butter
20 g Zucker
15 g Germ
etwas kalte Milch
1 Eidotter
Salz

Für die Fülle Zucker mit der Milch aufkochen lassen, den Mohn einrühren und einmal aufquellen lassen. Rosinen einmengen und mit Zitronenschale und Zimt abschmecken.

Germ in wenig Milch auflösen. Mehl mit Butter, Zucker und 1 Prise Salz abbröseln, dann mit Germ und Dotter zu einem Teig verarbeiten. Teig gut durchkneten und zugedeckt auf einem Brett etwa 45 Minuten rasten lassen.

Teig ausrollen, 7 x 10 cm große Rechtecke ausschneiden, diese mit Fülle belegen, einrollen und zu Kipferln formen.

Die Beugeln auf ein ungefettetes Blech legen, mit verquirltem Ei bestreichen und an einem lauwarmen Ort aufgehen lassen. Dann in der Mitte ein wenig auseinander ziehen, damit die mit Ei bestrichene Oberfläche die kleinen Risse bekommt, die den Beugeln nach dem Backen die typische Zeichnung geben.

Beugeln bei etwa 180 °C goldgelb backen.

Mohnsterz

FÜR 4 PERSONEN

3 mittelgroße Erdäpfel
15 EL Mehl
etwas Salz
500 ml Wasser
Fett
etwas Zucker
Mohn

Die Erdäpfel schälen, etwas zerkleinern und in etwa 500 ml Wasser halbweich kochen. Mit dem Mehl bedecken, salzen und mit einem Kochlöffelstiel Löcher machen, damit Wasser einsickern kann.

Ungefähr 20 Minuten dünsten und dann das Wasser abseihen. Anschließend den Teig etwas abbröseln und in einer Pfanne mit Fett rösten, zuletzt mit Mohn und Zucker bestreuen.

Mohnstrudel

FÜR 4 PERSONEN

20 g Germ
1 TL Zucker
5 EL lauwarme Milch
500 g Mehl
250 g gekochte, passierte Erdäpfel
2 EL Zucker
etwas Salz
2 EL Fett
300 g gemahlener Mohn
Milch nach Bedarf
60 g Zucker
60 g Rosinen
3 EL zerlassenes Fett

Germ mit Zucker in lauwarmer Milch auflösen, 10 Minuten stehen lassen, dann zum Mehl gießen. Erdäpfel, Zucker, Fett und Salz beigeben und mit Milch nach Bedarf zu einem mittelfesten Teig verarbeiten. Zugedeckt 30 Minuten gehen lassen.

Den Teig ausrollen, mit zerlassenem Fett beträufeln und gemahlenen Mohn, mit Zucker und Rosinen vermischt, aufstreichen. Zusammenrollen, auf einem befetteten Backblech nochmals gehen lassen. Bei 180 °C etwa 45 Minuten backen.

VARIANTE: *Besonders gut schmeckt die Fülle auch, wenn man 1–2 geschälte, geriebene Äpfel und etwas Zimt beimengt.*

Mohnzelten

FÜR 4 PERSONEN

1 kg rohe Erdäpfel
250 g gekochte Erdäpfel
etwas Salz
200 g gemahlener Mohn
100 g Zucker
150 g Fett

Rohe Erdäpfel schälen, fein reiben und durch ein Tuch auspressen.

Gekochte Erdäpfel schälen und passieren, beides vermengen und salzen.

Für die Fülle Mohn, Zucker und zerlassenes Fett vermischen.

Teig in Stücke teilen, etwas auseinander drücken, mit der Fülle belegen, gut verschließen, Knödel formen und anschließend flach drücken.

In einer Pfanne etwas Butter oder Fett zergehen lassen, Mohnzelten einlegen und bei 200 °C im Rohr beidseitig hellbraun braten.

Mit Apfelkoch (Rezept Seite 86) servieren.

TIPP: *Man kann dem Gemisch aus Butter, Honig und Rum auch heißen schwarzen Kaffee zufügen, das schmeckt wunderbar.*

Weitraer Mohnnudeln

ZUTATEN

beliebige Menge Roggenmehl
Salz
Wasser nach Bedarf
gemahlener Mohn
Butter
Honig
Rum

Mehl mit so viel kochendem Salzwasser vermischen, dass ein geschmeidiger Teig entsteht und diesen noch heiß auf dem Brett rasch verkneten.

Kleine, daumenlange Nudeln rollen und in eine Schüssel geben.

Mit gemahlenem Mohn bestreuen und mit einem Gemisch aus zerlassener Butter, Honig und Rum heiß servieren.

WISSENSWERTES: *Mohn wurde früher nicht gemahlen, sondern in einem Mörser aus Holz gestoßen, dem so genannten „Mohnnabl". Durch das Zerstoßen wird der Mohn wesentlich saftiger als beim Mahlen. Auch den Teig für die oben angeführten „Patschnudeln" hat man früher im „Mohnnabl" gestoßen, damit er gut durchgeknetet war.*

„Patschnudeln"

FÜR 4 PERSONEN

6 große mehlige Erdäpfel

2 Hände voll Mehl (Roggenmehl)

etwas Fett

Mohn

Zucker

Zimt

Rum

Erdäpfel kochen, schälen und durch die Presse drücken.

Das Mehl in einer Pfanne trocken rösten und mit den passierten Erdäpfeln vermischen, anschließend sehr gut durchkneten.

Noch heiß Nudeln formen und diese in einem Gemisch aus heißem Fett, gemahlenem Mohn, Zimt, Zucker und Rum schwenken.

Schneeballen

FÜR 4 PERSONEN

220 g griffiges Mehl
3 Eidotter
3 EL Sauerrahm
1 EL Rum
Prise Salz
Fett zum Herausbacken
Zucker zum Bestreuen

Mehl, Eidotter, Sauerrahm, Rum und Salz zu einem feinen Teig kneten und einige Zeit rasten lassen.

Auf einer bemehlten Arbeitsfläche dünn ausrollen und Vierecke von 10 x 10 cm ausschneiden. Diese Vierecke fingerbreit vier- bis sechsmal einschneiden, ohne den Rand durchzuschneiden.

In heißem Fett schwimmend ausbacken, gut abtropfen lassen und mit Staubzucker bestreuen.

Semmelschmarren mit Mohn

FÜR 4 PERSONEN

3 Semmeln
etwa 200 g Mohn
1 Tasse Milch
Zucker
etwas zerlassenes Fett

Die Semmeln in etwa 1 cm dicke Scheiben schneiden, in Milch tauchen und den Boden einer befetteten Auslaufform damit auslegen.

Mit einer Schicht gemahlenem Mohn bedecken, mit Zucker bestreuen und mit etwas zerlassenem Fett beträufeln.

Diesen Vorgang wiederholen, mit einer Schicht Mohn abschließen und im Rohr bei 180 °C etwa 20 Minuten überbacken.

TIPP: Ein ideales Rezept, um hart gewordene Semmeln zu verwerten.

Schmerstrudel

FÜR 4 PERSONEN

400 g enthäuteter, fein faschierter Schmer

160 g glattes Mehl

260 g glattes Mehl

2 Eidotter

1 Spritzer Essig

125 ml Most oder Wein oder Rumwasser

Marmelade zum Füllen

Schmer und die 160 g Mehl gut verkneten und zu einem Ziegel formen.

Das restliche Mehl mit den Eidottern, dem Essig und dem Most (Weißwein, Rumwasser) gut verkneten und einen Strudelteig bereiten.

Mit dem Nudelholz ausrollen und den Schmerziegel einschlagen, dann mit dem Nudelholz ausschlagen. Dann dreimal einschlagen und den Teig anschließend 30 Minuten rasten lassen.

Abermals mit dem Nudelholz ausschlagen, dann viermal zusammenschlagen und diesen Vorgang noch einmal wiederholen.

Den Teig ausrollen, mit Marmelade bestreichen, zu einem Strudel rollen und im Backrohr bei 180 °C etwa 40 Minuten backen.

WISSENSWERTES:
Unter Schmer bzw. Filz versteht man den rohen Schweinespeck (Bauchfilz).

Wespennester

FÜR 4 PERSONEN

5–6 Erdäpfel
Mehl nach Bedarf
1 Ei
Salz
säuerliche Äpfel
Zucker
Zimt
Fett
1 l Milch
2 EL Zucker
1 Pkg. Vanillezucker
etwas Butter

Die Erdäpfel kochen, schälen und durch die Presse drücken. Mit dem Mehl, dem Salz und dem Ei zu einem geschmeidigen Teig verarbeiten und auf einem Nudelbrett ausrollen.

Die Äpfel mit oder ohne Schale grob reiben und gut fingerhoch auf dem Teig verteilen, mit Zucker und Zimt bestreuen, einrollen und in 5 cm breite Scheiben schneiden.

In einer Auflaufform Fett zergehen lassen, die Scheiben darin rundherun wenden und mit der Schnittfläche nach oben dicht einschichten, etwas glatt drücken, damit keine Zwischenräume bleiben.

Im Rohr bei etwa 180 °C so lange backen, bis sie etwas Farbe genommen haben.

Die Milch mit Zucker, Vanillezucker und Butter verrühren, erwärmen und die Wespennester damit übergießen.

Noch einmal für kurze Zeit ins Rohr schieben und überbacken.

Ottensteiner Stausee

WISSENSWERTES: *In manchen Haushalten wurden Zwetschkenknödel mit Süßem Kraut (Rezept Seite 53) als Zuspeise gegessen.*

Zwetschkenknödel

FÜR 4 PERSONEN

6 Erdäpfel
6 EL Mehl
1 Prise Salz
1 Ei
750 g Zwetschken
etwas Fett
Semmelbrösel
Zucker zum Bestreuen

Erdäpfel kochen, heiß passieren und mit Mehl, Salz und dem Ei zu einem weichen Teig verarbeiten, anschließend etwa 30 Minuten rasten lassen.

Den Teig zu einer Rolle formen, davon Scheiben abschneiden, Schüsserln formen und jeweils mit einer Zwetschke belegen.

Knödel formen und in siedendem Salzwasser kochen.

Die Semmelbrösel in Fett anrösten, die Knödel darin wälzen und überzuckern.

Apfelkoch

FÜR 4 PERSONEN

600 g Äpfel
etwas Zitronensaft
100 g Zucker
etwas Milch
etwas Mehl

Die Äpfel schälen, entkernen und mit Zitronensaft beträufeln. Mit Zucker unter Beigabe von etwas Wasser weich dünsten, dann pürieren.

Milch und Mehl glatt verrühren und das Apfelkoch damit binden. Eventuell noch mit einer Prise Zimt abschmecken.

TIPP: *Auch mit Grammelknödeln (Rezept Seite 38) oder zu Mohnzelten (Rezept Seite 74) schmeckt das Apfelkoch hervorragend.*

Apfelsuppe

FÜR 4 PERSONEN

6 saure Äpfel
1 TL Zimt
Saft von 1/2 Zitrone
500 ml Wasser
1 EL Mehl
30 g Fett
500 ml Wasser
1 EL Zucker

Die Äpfel schälen, vierteln, entkernen und würfelig schneiden. Apfelwürfel mit Zimt, Zitronensaft und Wasser zu einem Mus kochen, dann durchsieben, Mehl in Fett anschwitzen, mit dem restlichen Wasser aufgießen und Zucker dazugeben.

Das Apfelmus dazurühren und aufkochen lassen. Vor dem Servieren eventuell mit einer Prise Zimt bestreuen.

TIPP: *Diese süße Suppe hat man sehr gerne zur Hauptmahlzeit mit Buchteln, Kasnudeln, gebackenen Mäusen oder gebackenen Knödeln, aber auch nur mit Brot gegessen.*

Hollerkoch

FÜR 4 PERSONEN

500 g abgezupfte Holunderbeeren

etwa 250 ml Wasser

Zucker nach Geschmack

1 Prise Zimt

Gewürznelken

Zitronenschale

etwas Milch

Mehl

Wasser mit Zucker, Nelken, Zitronenschale und Zimt aufkochen, die Beeren dazugeben und weich kochen.

Das Mehl mit der Milch gut verrühren und das Hollerkoch damit eindicken.

Einbrennkoch

FÜR 4 PERSONEN

etwas Fett (Butter)

1 EL Mehl

500 ml Milch

Zucker nach Geschmack

Aus Fett und Mehl eine sehr helle Einbrenn zubereiten, diese mit der heißen Milch aufgießen und dabei ständig umrühren, sodass sich keine Klumpen bilden.

Mit Zucker süßen und heiß servieren.

Zwetschkensuppe

FÜR 4 PERSONEN

500 g Zwetschken
1 l Wasser
Zucker nach Bedarf
1 Zimtrinde
ein paar Gewürznelken
etwas Mehl
etwas Milch

Die Zwetschken entkernen und zusammen mit den Gewürzen, dem Zucker und dem Wasser aufkochen und so lange kochen, bis die Zwetschken weich sind.

Dann die Gewürze entfernen, eventuell ebenso die Schale der Zwetschken.

Mehl und Milch schön glatt rühren („Gmachtl") und in die Suppe unter ständigem Rühren mit dem Schneebesen eingießen.

VARIANTE: *Auch mit anderen Früchten konnte diese Suppe zubereitet werden, beispielsweise mit Kirschen oder Äpfeln.*

Allerheiligenstriezel

FÜR 4 PERSONEN

600 g Mehl

Salz

evtl. Zitronenschale

1 Pkg. Germ

100 g Zucker

250 ml Milch

100 g Butter

4 Eidotter (oder 2 Eidotter und 2 ganze Eier)

Rosinen

Die lauwarme Milch mit der zerbröselten Germ und etwas Zucker vermischen und an einem warmen Ort stehen lassen.

In das Mehl eine Vertiefung drücken, das Dampfl eingießen und vom Rand her mit etwas Mehl bedecken.

Dann mit den restlichen Zutaten vermischen und zu einem geschmeidigen Germteig schlagen.

Wieder an einem warmen Ort gehen lassen, bis sich das Volumen des Germteiges verdoppelt hat.

Nun aus dem Teig auf einem bemehlten Nudelbrett einzelne Rollen formen und diese zu einem Striezel flechten.

Auf ein Backblech legen und bei 180 °C etwa 45 Minuten backen.

WISSENSWERTES: *Auch die so genannten „Gluadnudln" wurden aus übrig gebliebenem Brotteig gebacken.*

Feuerflecken

FÜR 4 PERSONEN

Brotteigreste
Mohn
Zucker

Die Teigreste zu tellergroßen Fladen ausrollen und im Backrohr oder auf der heißen Herdplatte backen.

Anschließend mit Schmalz bestreichen, nach Belieben mit Mohn und Zucker bestreuen und einrollen.

VARIANTE: *Auch mit Schmalz und gehacktem Knoblauch oder mit Sauerrahm und Schnittlauch wurden die Feuerflecken gerne gegessen.*

Einfaches Schwarzbrot

FÜR 4 PERSONEN

7 kg Roggenmehl
150 g Salz
Anis, Kümmel, Fenchel
180 g Sauerteig („Urahl")
3 l Wasser

TIPP: *Man kann dem Teig auch 20 g Germ beigeben, dadurch wird das Brot lockerer.*

In dem vorgewärmten Mehl eine Grube machen, den am Vortag eingeweichten Sauerteig eingießen, mit dem Mehl anrühren und gehen lassen.

Vor dem Kneten Salz und die Gewürze über das Mehl streuen, mit lauwarmem Wasser nach Bedarf vermischen und durchkneten, bis der Teig seidig glänzt.

Zugedeckt nochmals gehen lassen.

Laibe formen und wiederum gehen lassen.

Mit lauwarmem Wasser bestreichen und in das gut geheizte Backrohr einschießen. Ungefähr 1,5 Stunden backen, wobei man nach der halben Backzeit nochmals mit lauwarmem Wasser bestreicht und die Brotlaibe umschießt.

VARIANTE: *Für das Kletzenbrot hat man gekochte und gehackte Kletzen unter den Brotteig gemischt.*

VARIANTE: *Diese „Schobnblattln“ wurden auch gerne mit gerösteten Zwiebeln und Fett gegessen. Man konnte sie gut nach dem Backen zerbrechen und in einem Leinensäckchen an einem trockenen Ort aufbewahren. Bei Bedarf wurden sie dann für den Verzehr wie oben beschrieben zubereitet.*

„Schobnblattln“

FÜR 4 PERSONEN

Brotteigreste
Wasser
Mohn
Zucker
etwas Fett

Die Teigreste aus dem Backtrog schaben und mit einem Nudelholz flach ausrollen.

Diese dann in der Resthitze des Backrohrs knusprig backen. Anschließend in kleine Stücke zerbrechen und mit kochendem Wasser übergießen.

Zuletzt mit gestoßenem Mohn und Zucker bestreuen, eventuell auch noch etwas Fett unterrühren.

Die schönsten Seiten Österreichs

Vorarlberg
96 Seiten, 16,5 x 19 cm, gebunden
€ 10,00 (A/D) / CHF 18,70
ISBN 978-3-99005-120-7

Tirol
96 Seiten, 16,5 x 19 cm, gebunden
€ 10,00 (A/D) / CHF 18,70
ISBN 978-3-99005-118-4
Englisch: ISBN 978-3-99005-119-1

Salzburg
96 Seiten, 16,5 x 19 cm, gebunden
€ 10,00 (A/D) / CHF 18,70
ISBN 978-3-99005-113-9
Englisch: ISBN 978-3-99005-114-6

Oberösterreich
96 Seiten, 16,5 x 19 cm, gebunden
€ 10,00 (A/D) / CHF 18,70
ISBN 978-3-99005-115-3

Wien
96 Seiten, 16,5 x 19 cm, gebunden
€ 10,00 (A/D) / CHF 18,70
ISBN 978-3-99005-121-4
Englisch: ISBN 978-3-99005-122-1

Burgenland
96 Seiten, 16,5 x 19 cm, gebunden
€ 10,00 (A/D) / CHF 18,70
ISBN 978-3-99005-162-7

Steiermark
96 Seiten, 16,5 x 19 cm, gebunden
€ 10,00 (A/D) / CHF 18,70
ISBN 978-3-99005-117-7

Kärnten
96 Seiten, 16,5 x 19 cm, gebunden
€ 10,00 (A/D) / CHF 18,70
ISBN 978-3-99005-116-0

KRENN
Hubert Krenn VerlagsgesmbH

Gußhausstraße 18, A-1040 Wien, T +43 1 585 34 72, F +43 1 585 04 83, www.hubertkrenn.at